10

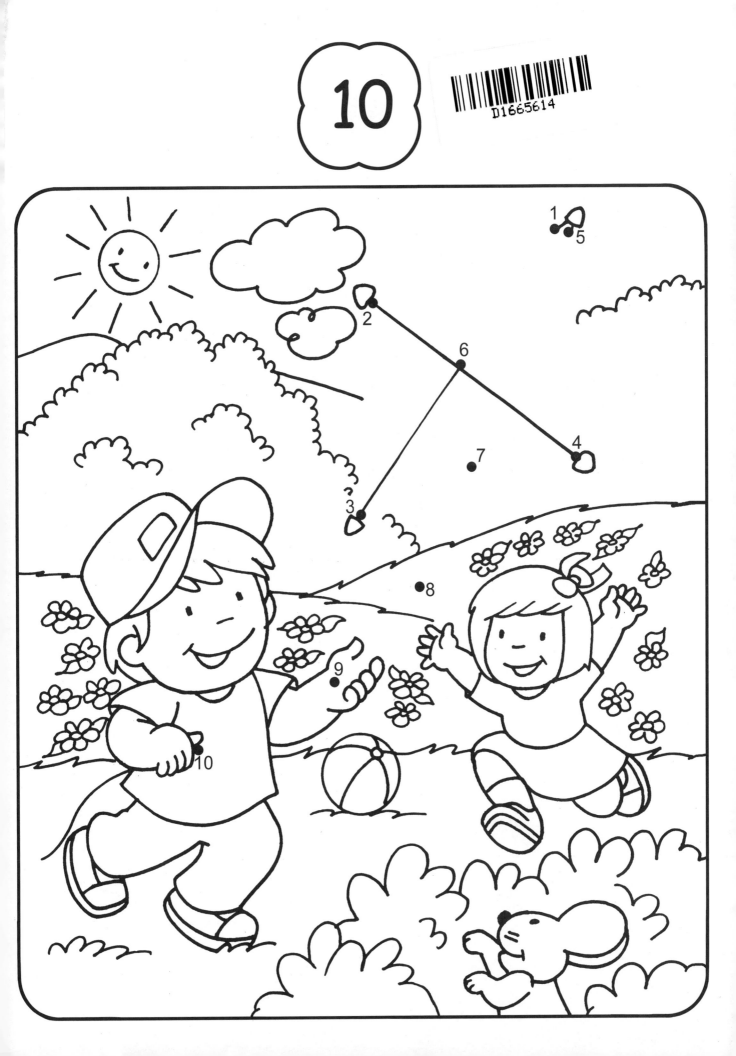

10

10

10

10

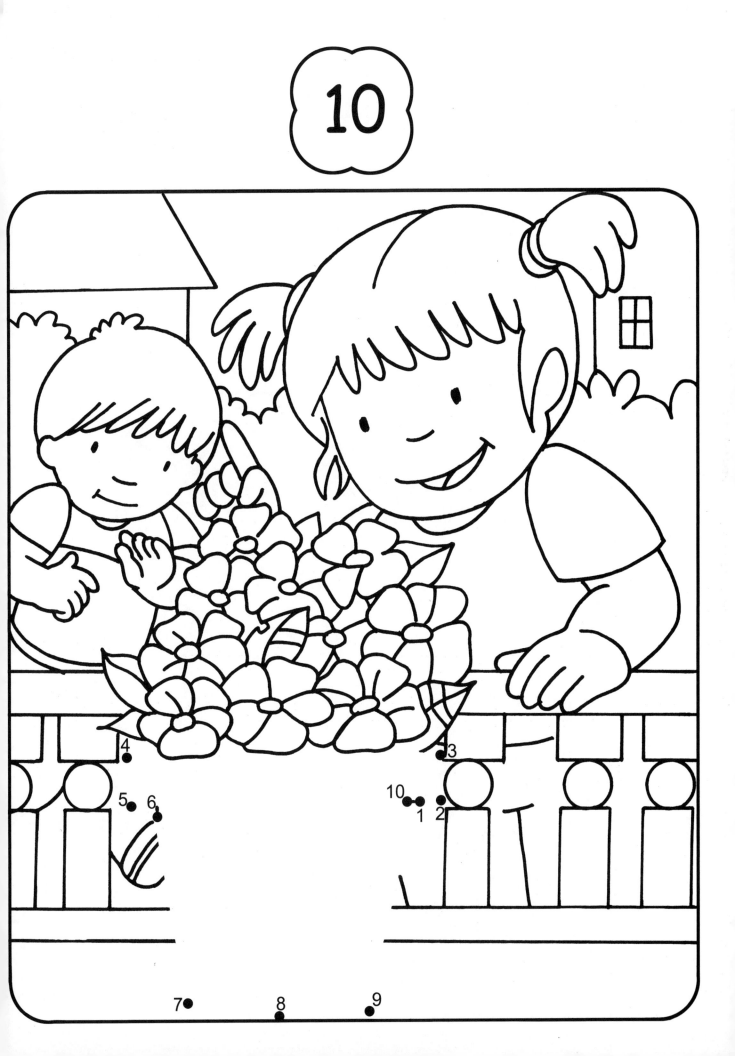

10

10

10

10

10

10

10

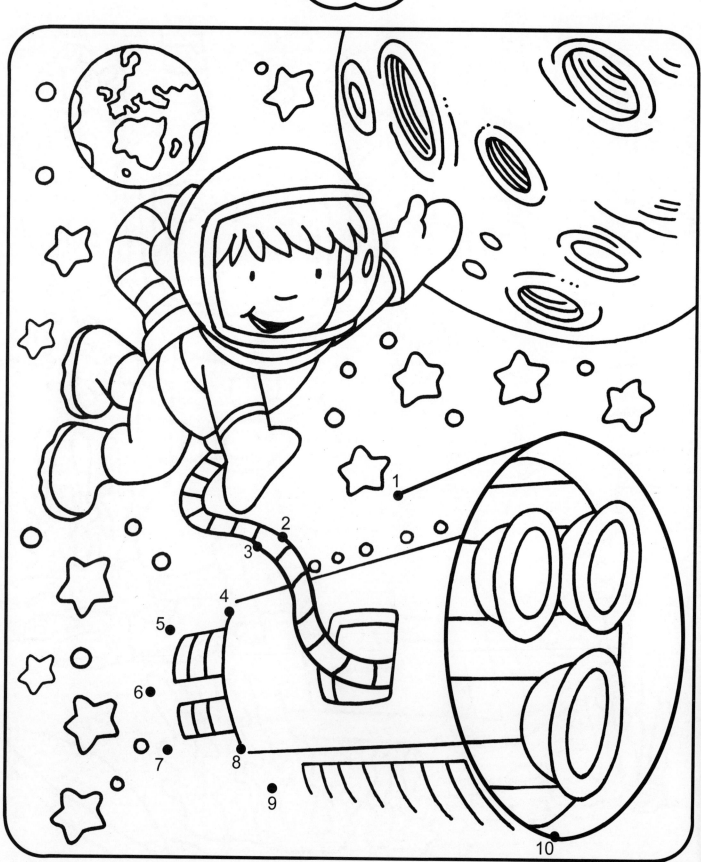

10

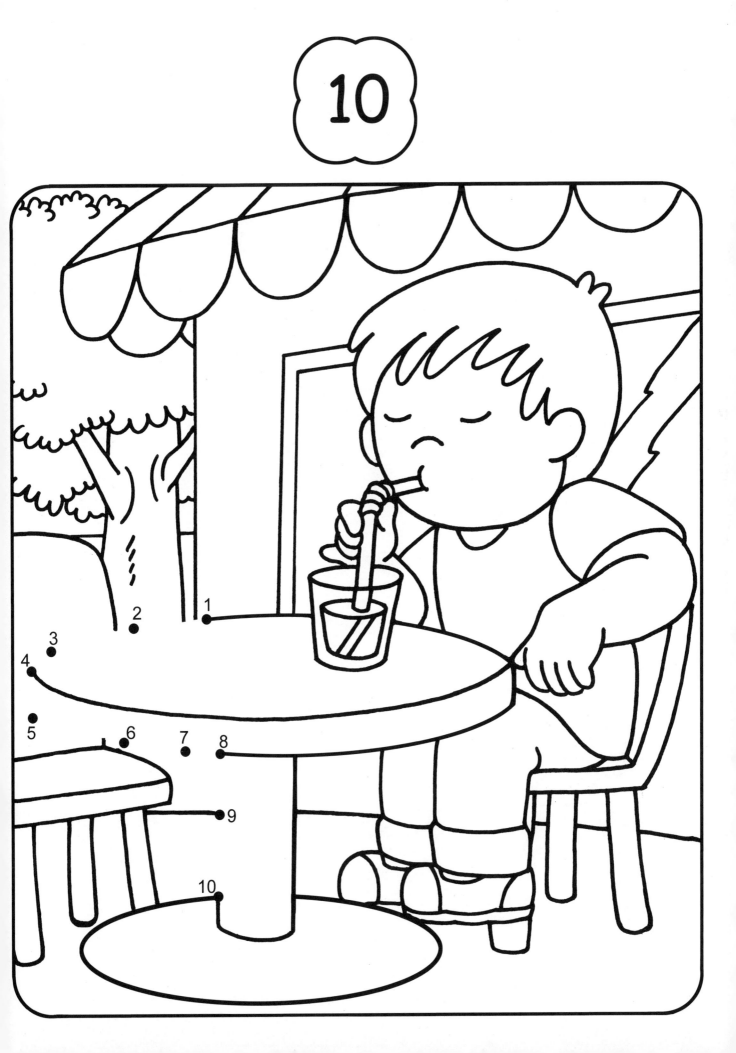

10

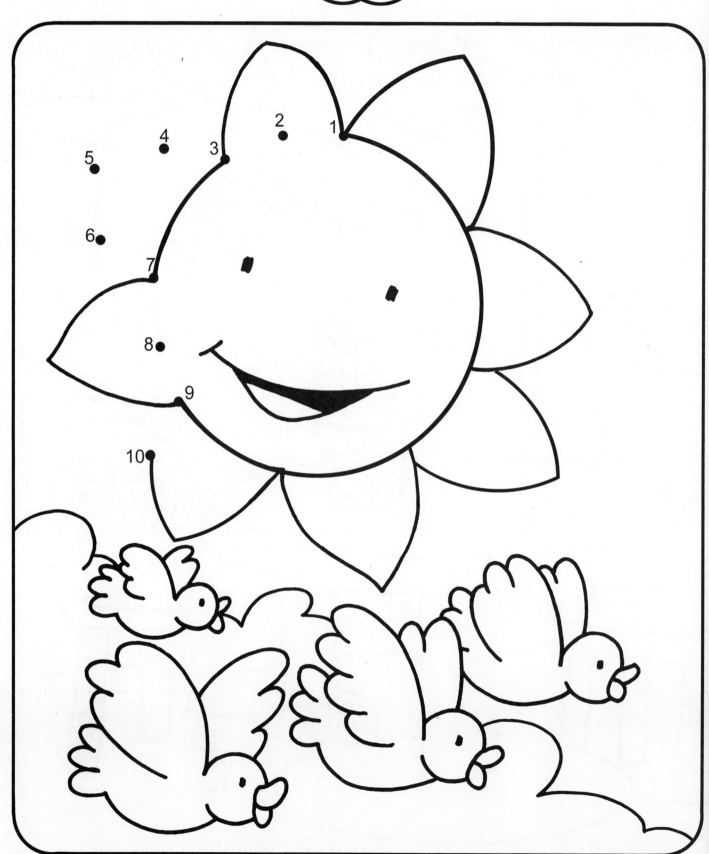

10

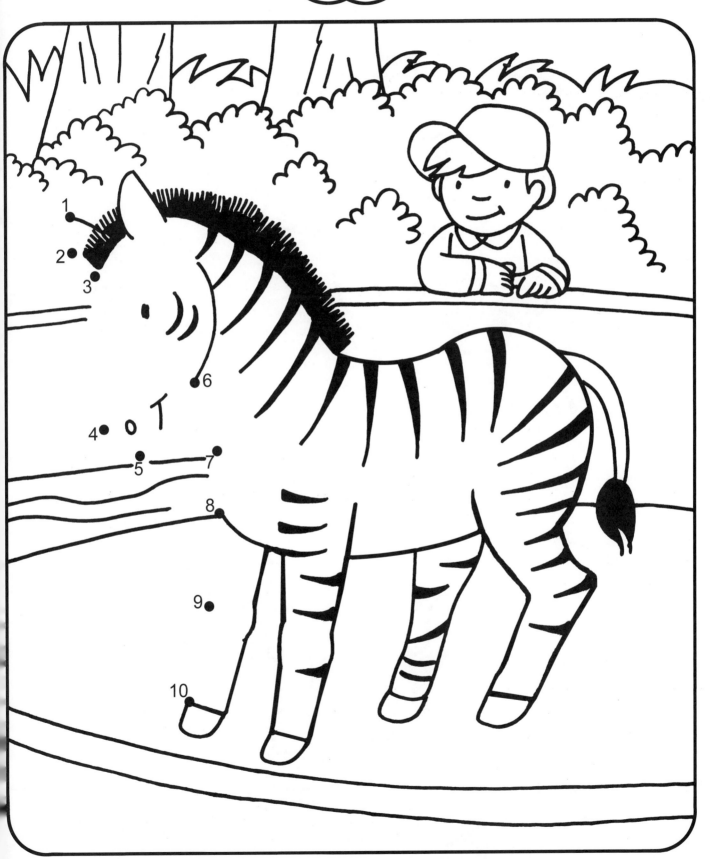

10

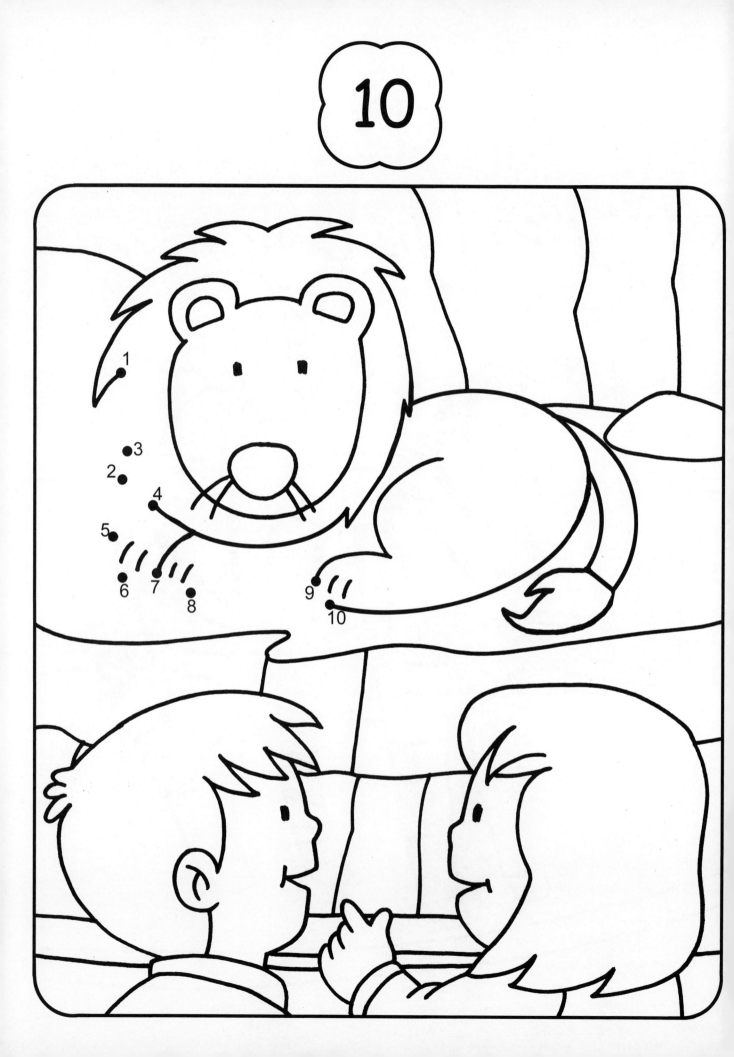

10

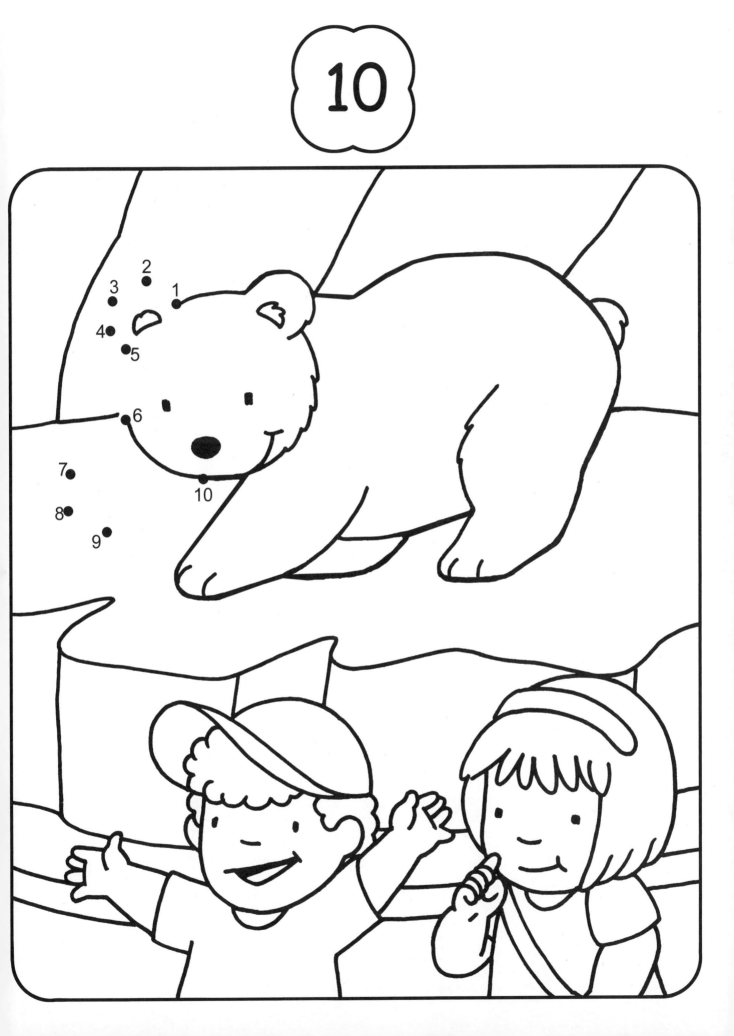

10

10

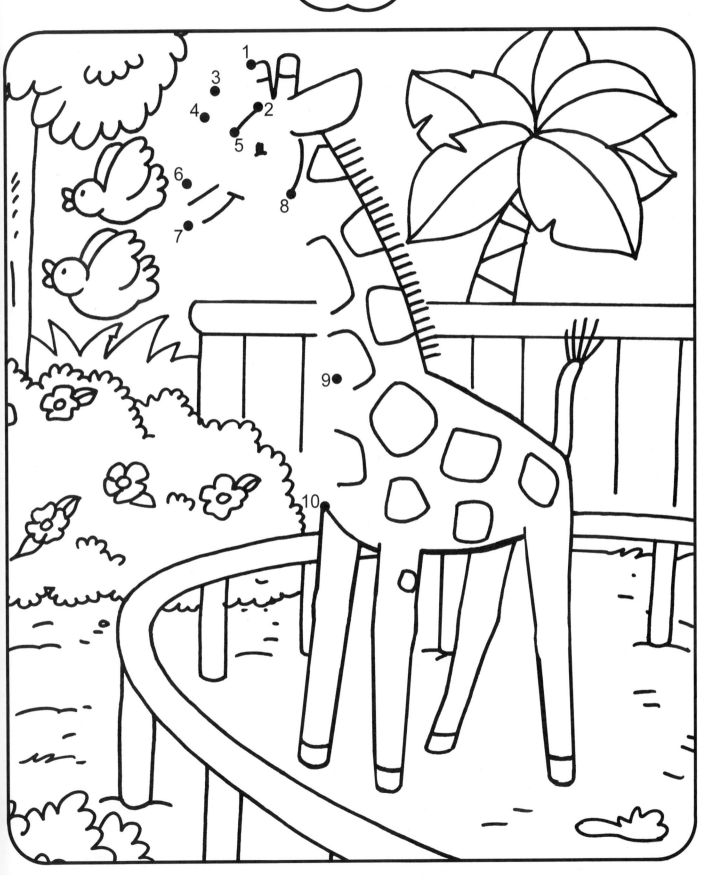

10

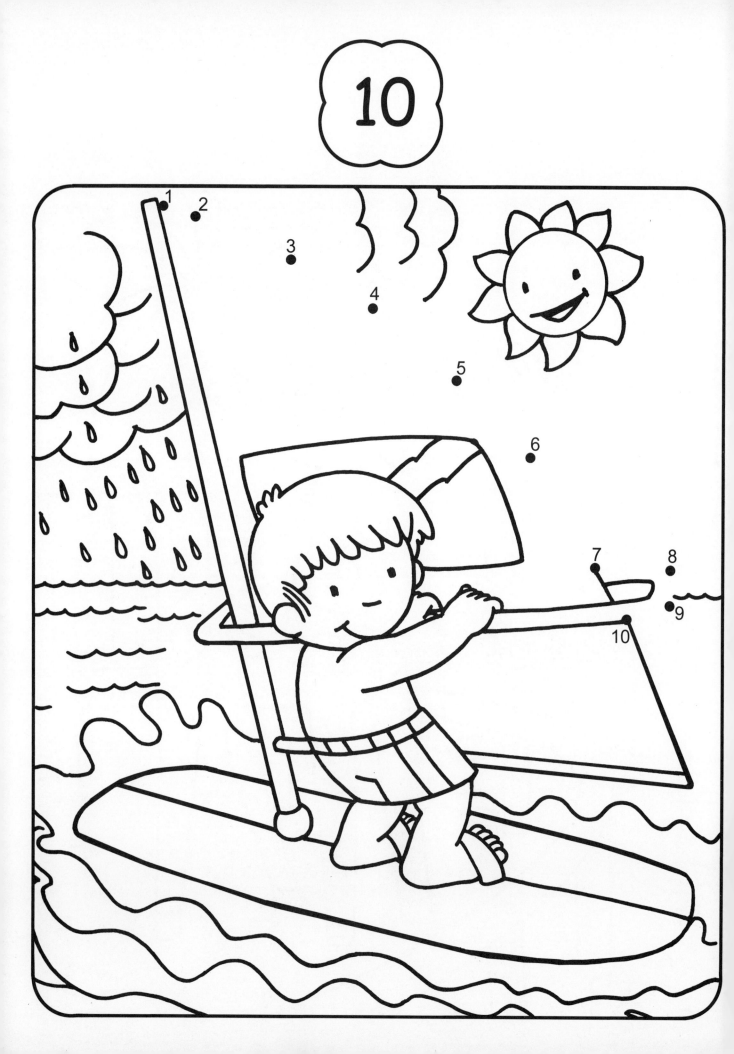

10

15

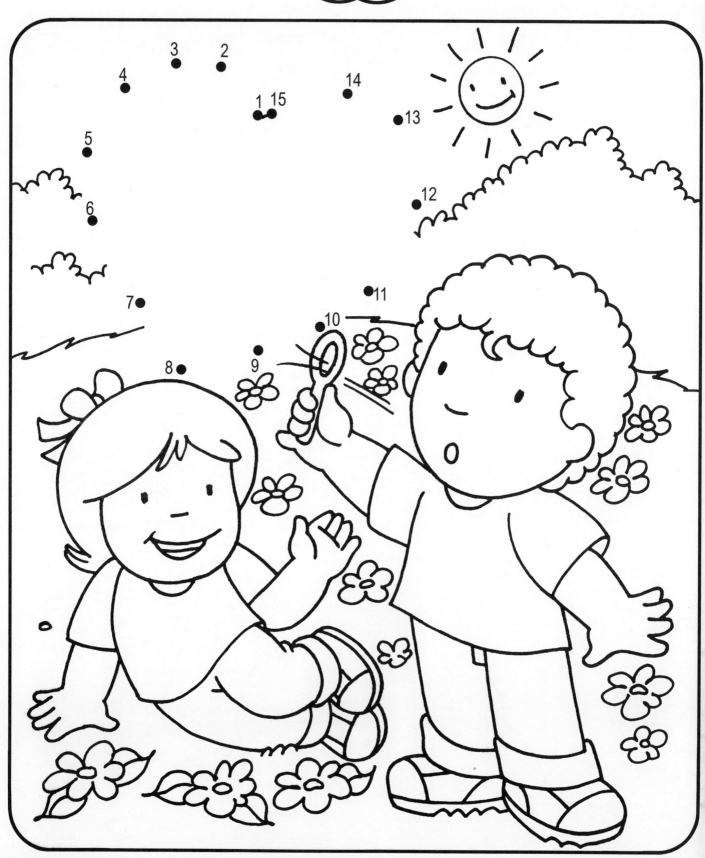

15

15

15

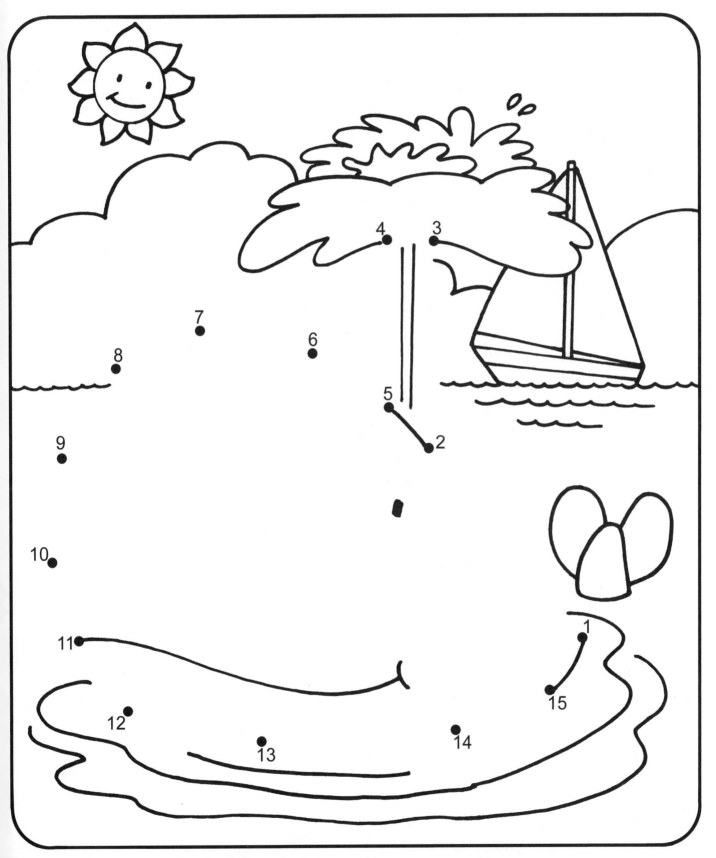

15

15

15

15

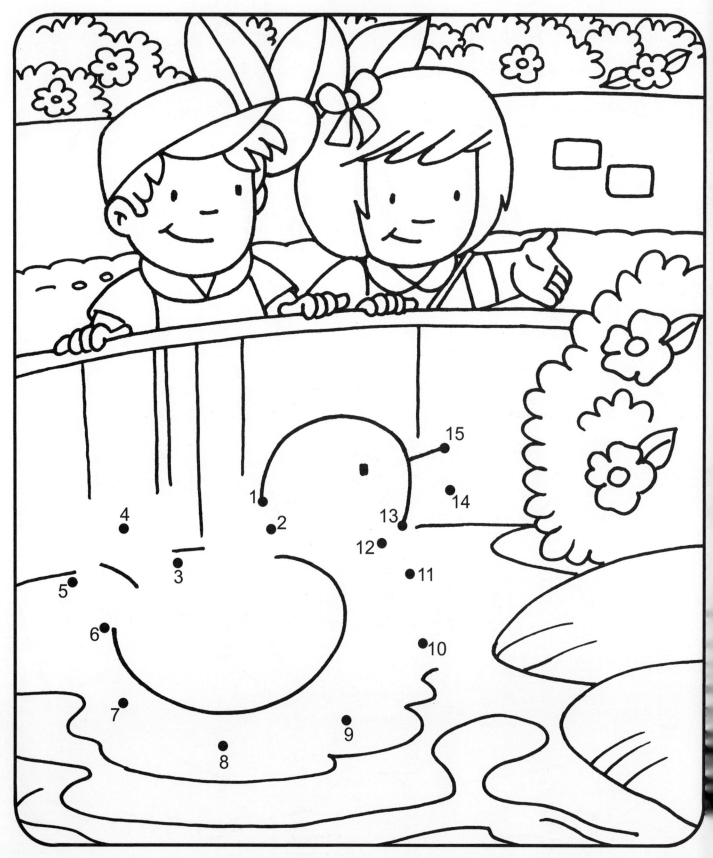

15

15

15

15

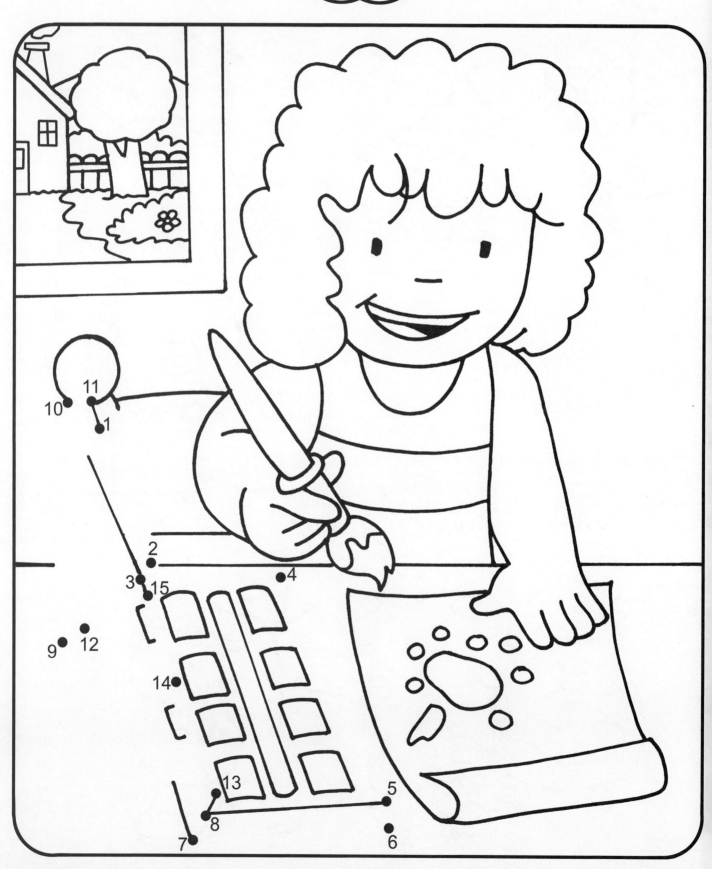

15

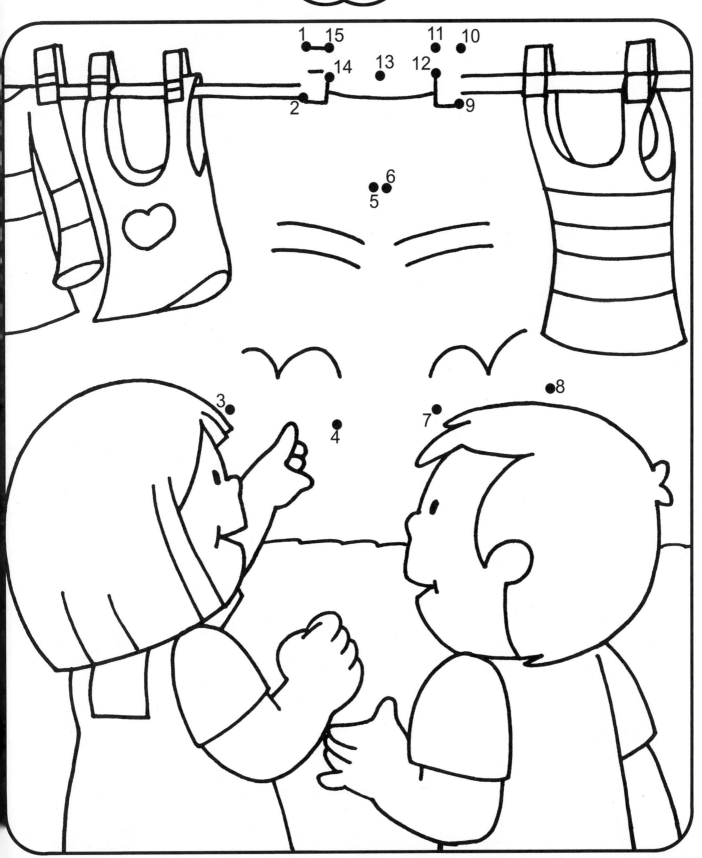

15

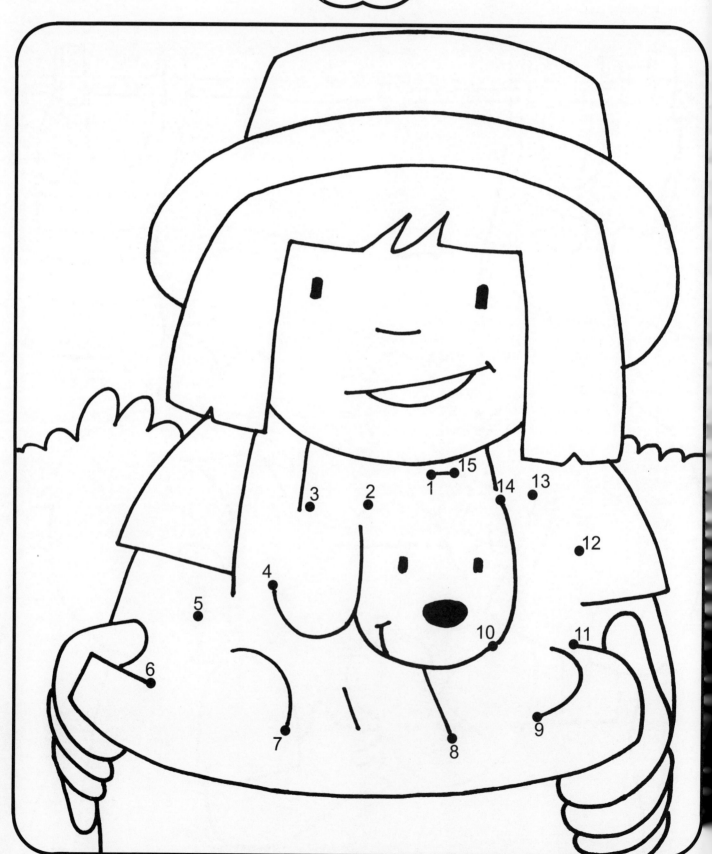

15

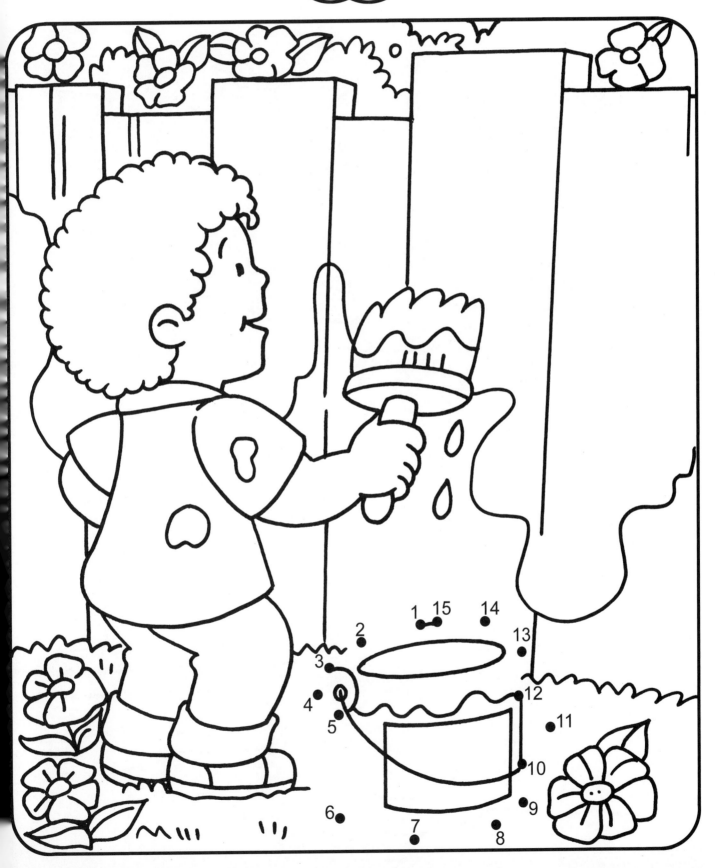

15

15

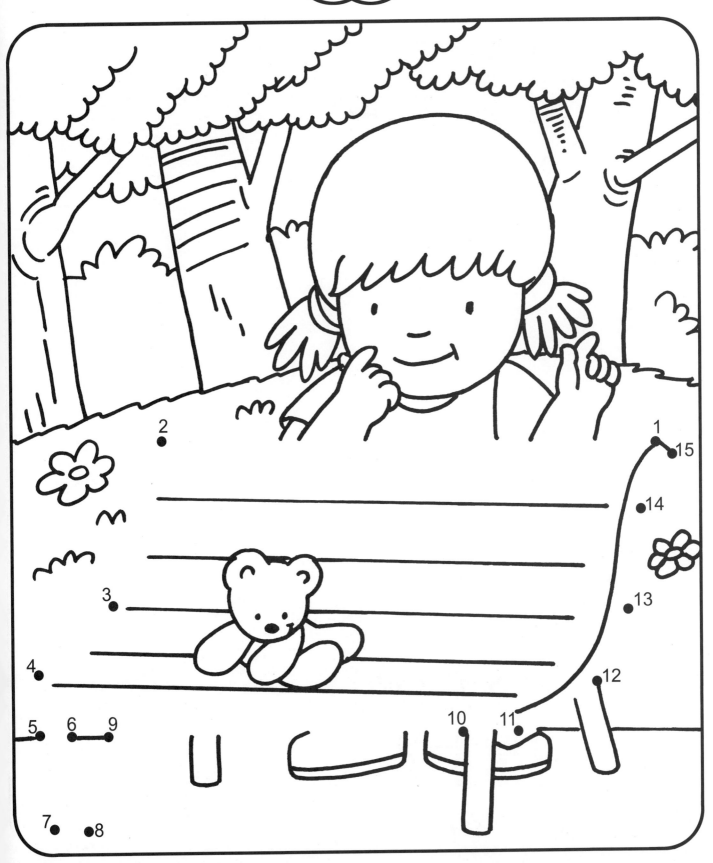

15

15

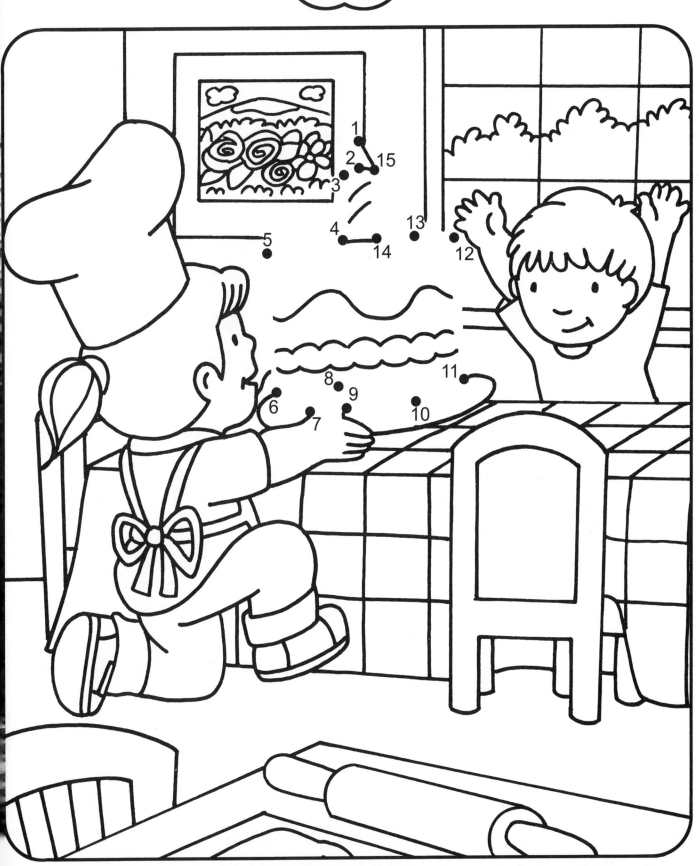

15

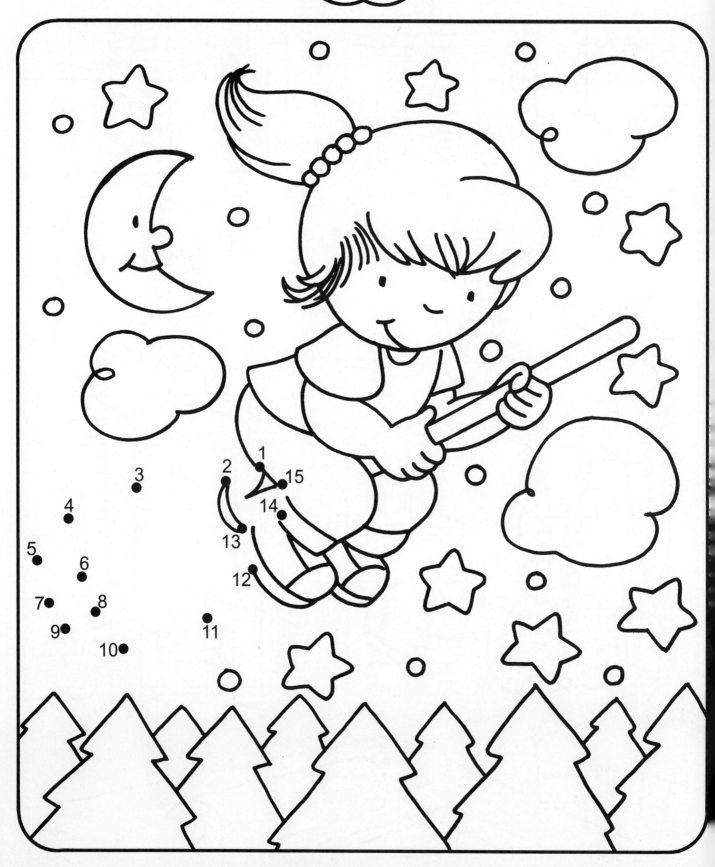

15

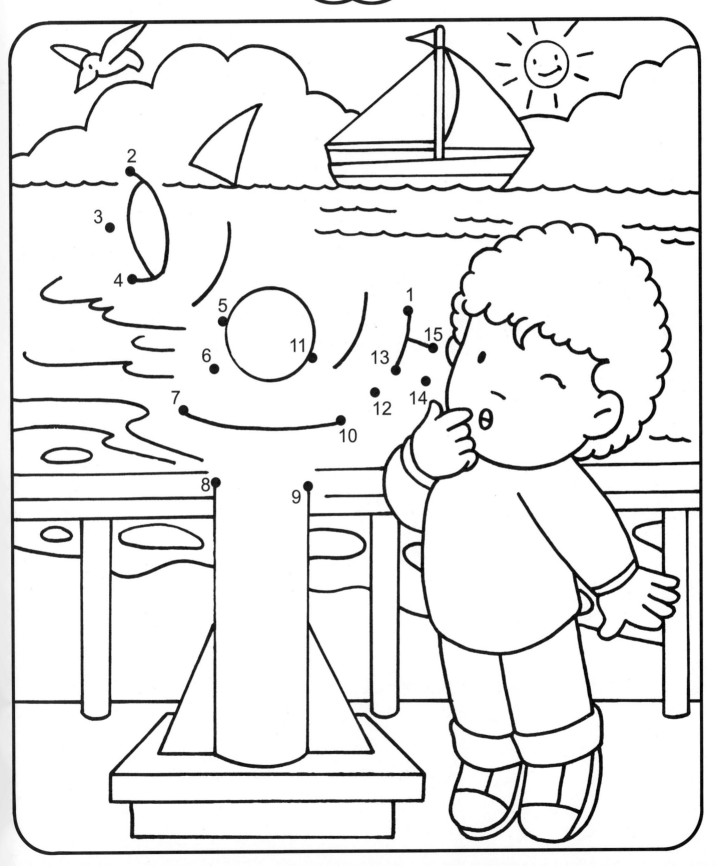

15

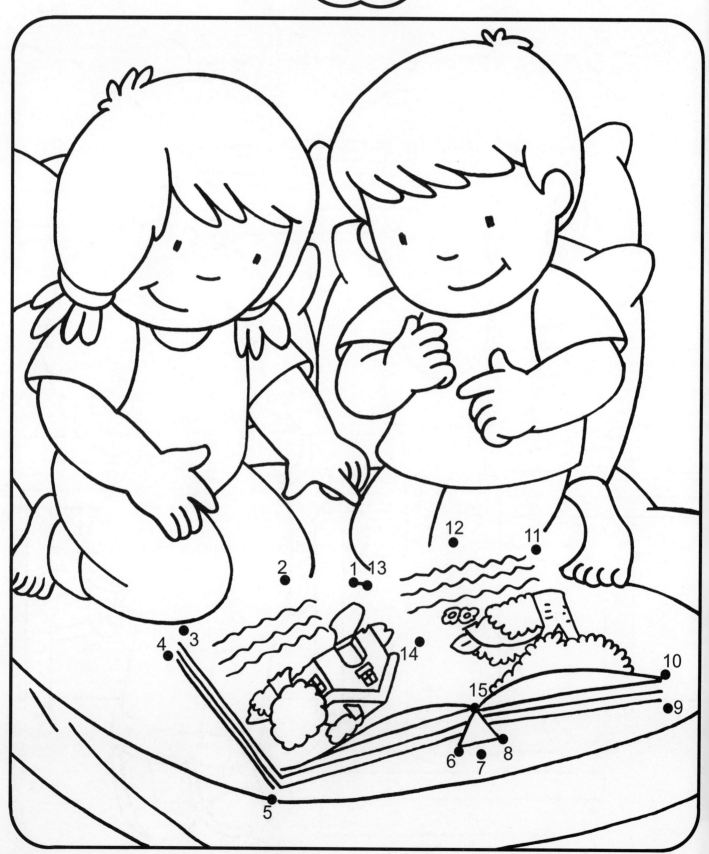

15

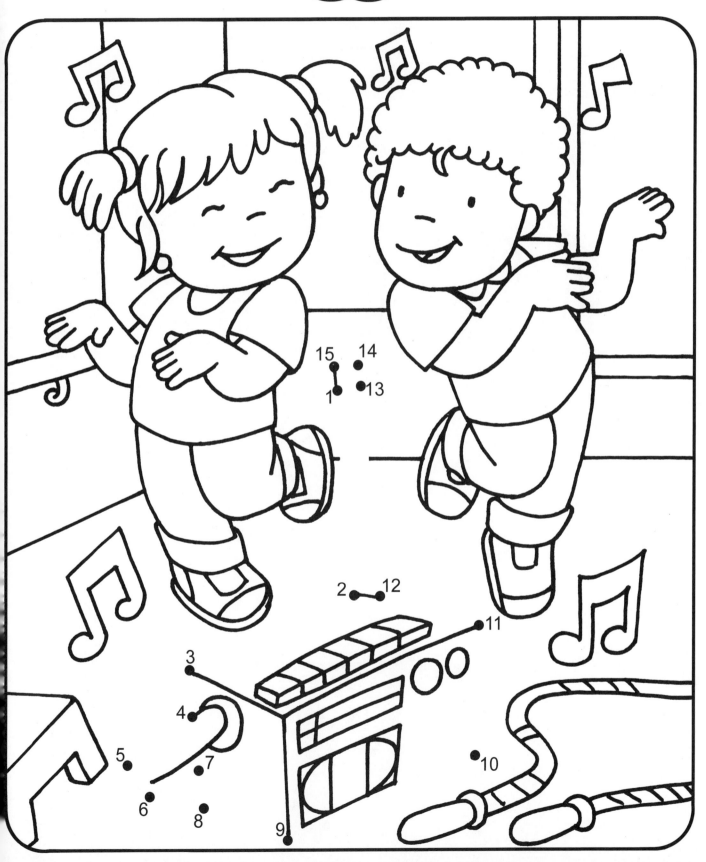

15

15

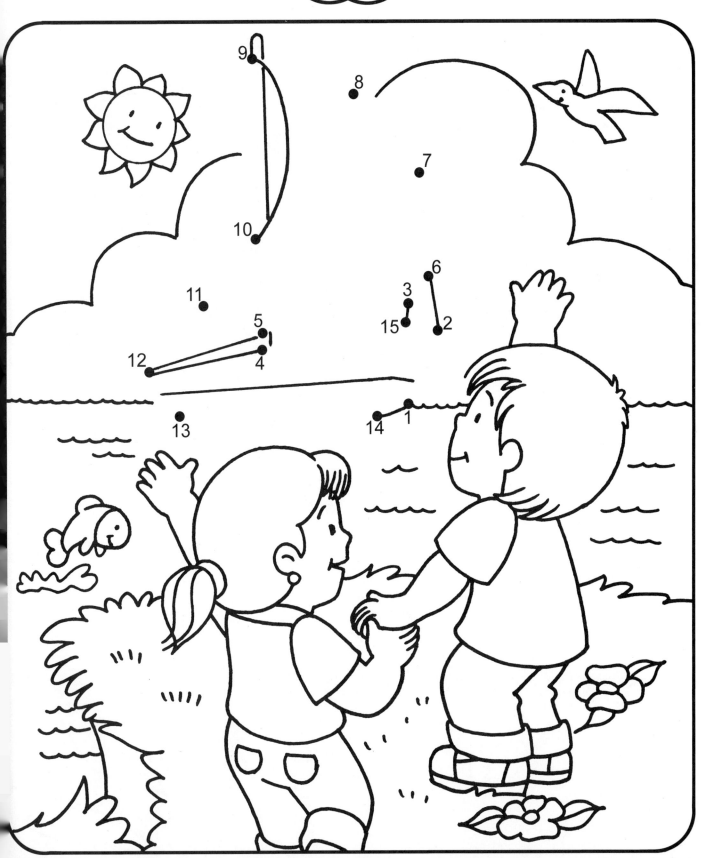

15

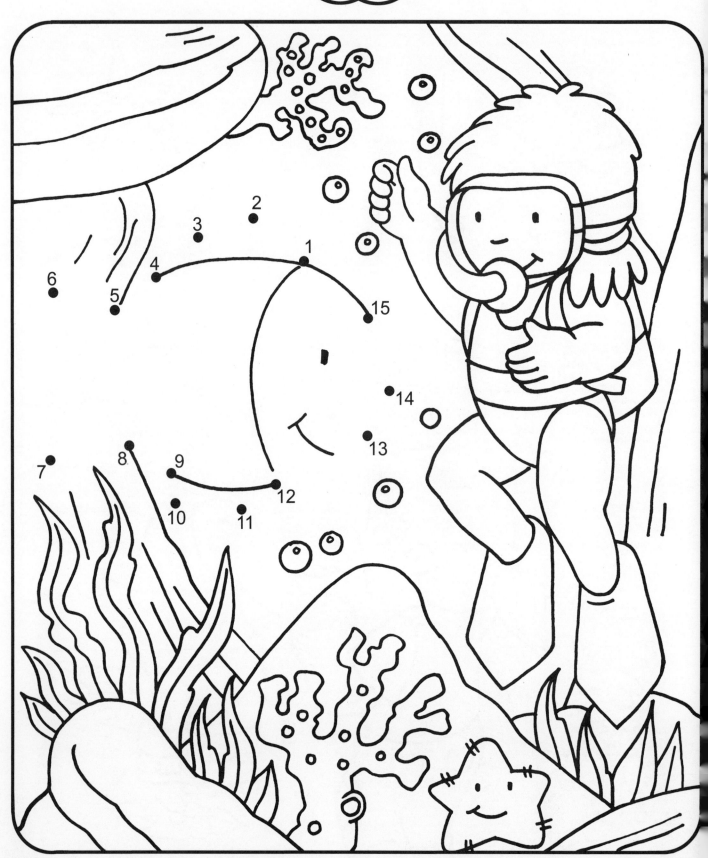

15

15

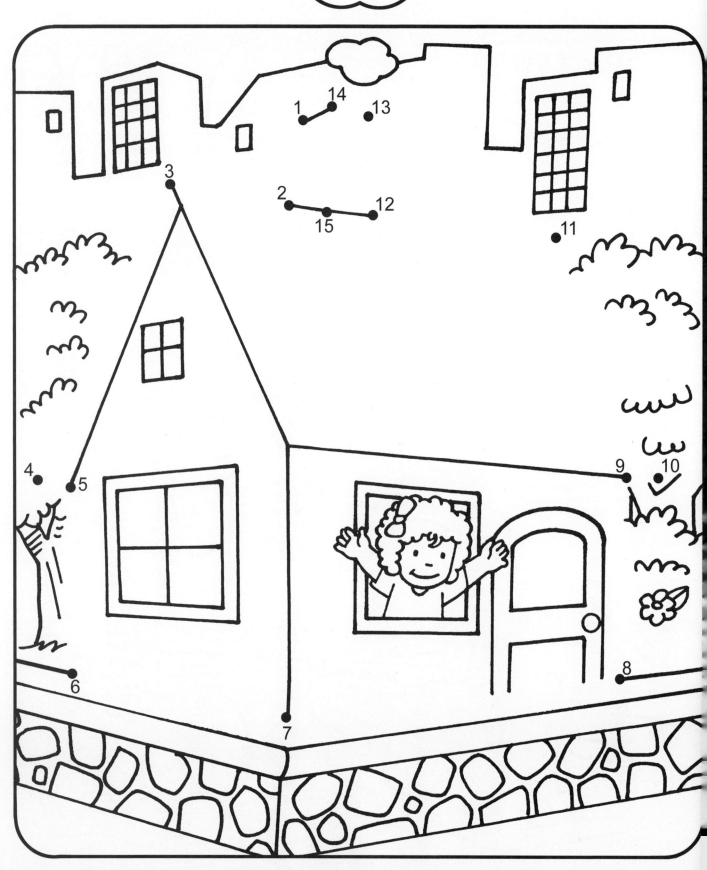

15

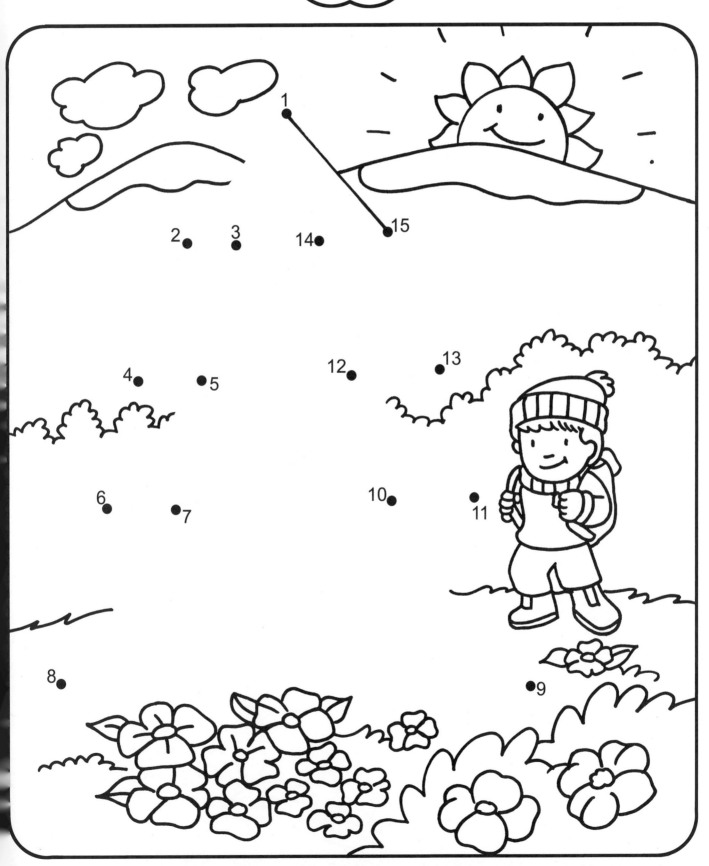

15

15

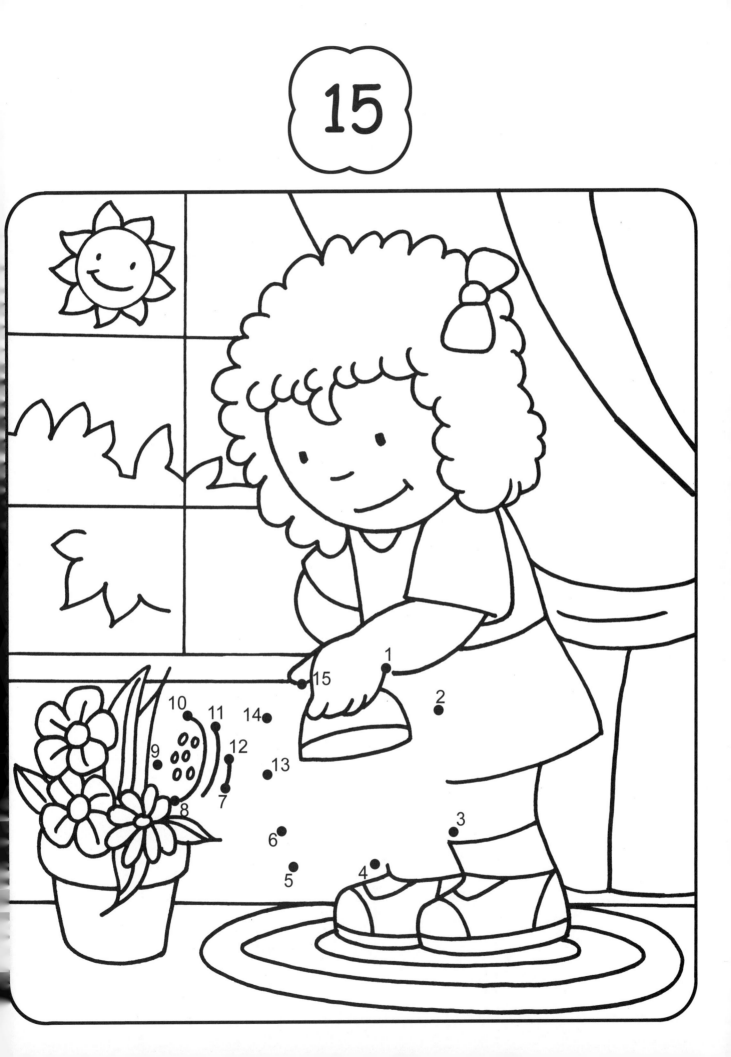

19

20

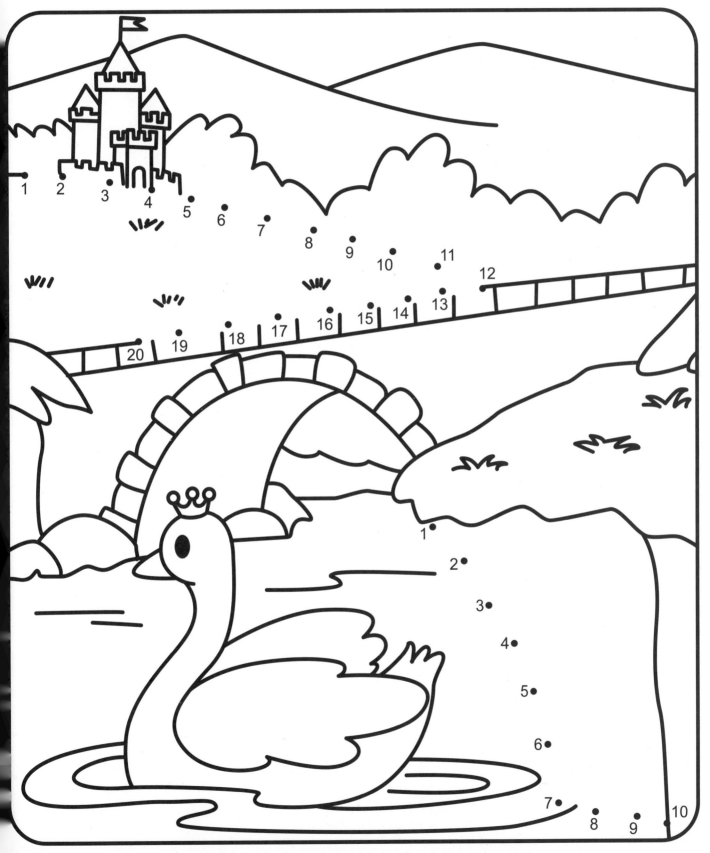

20

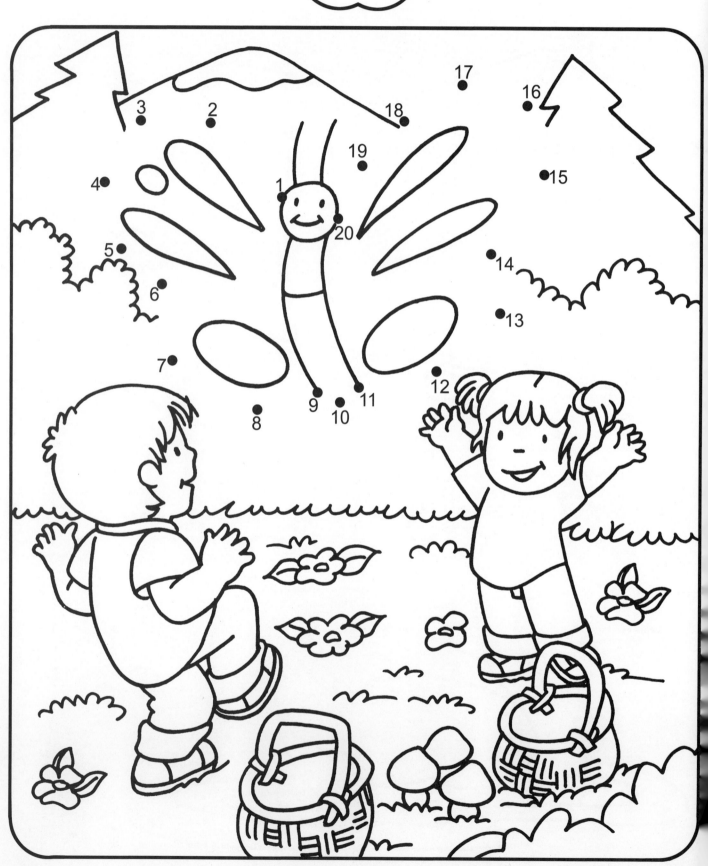

20

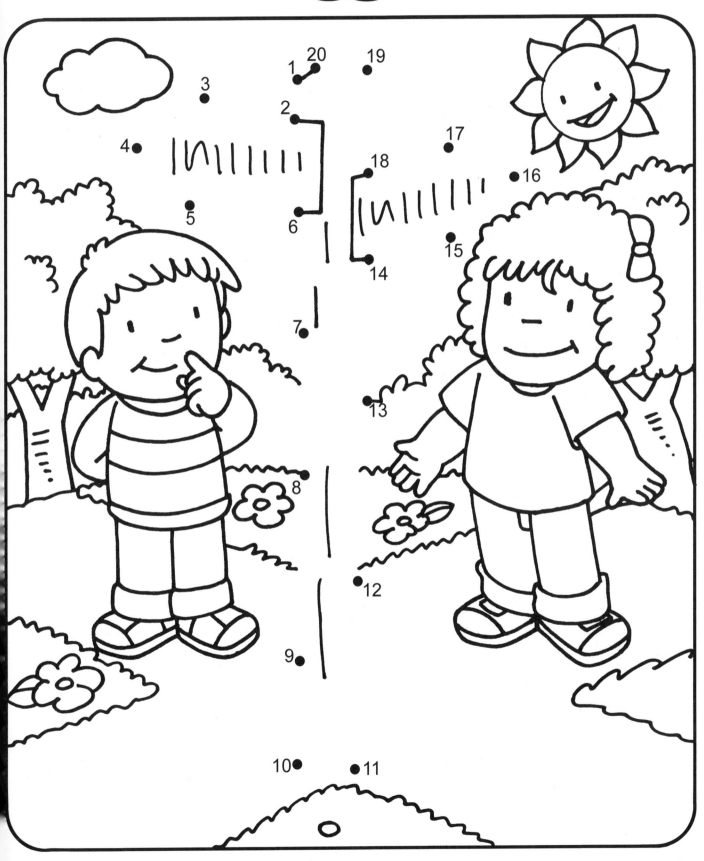

20

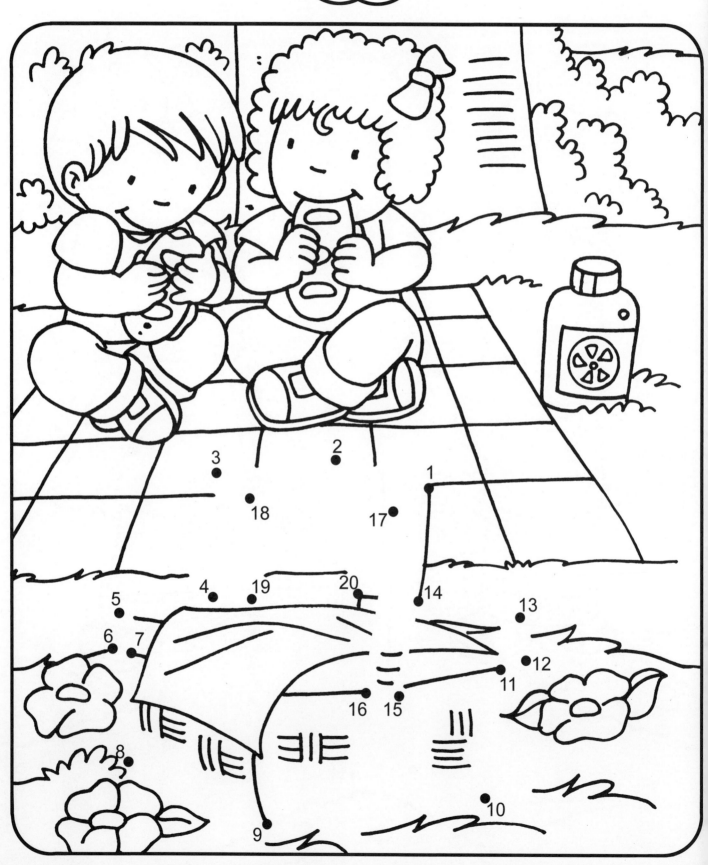

20

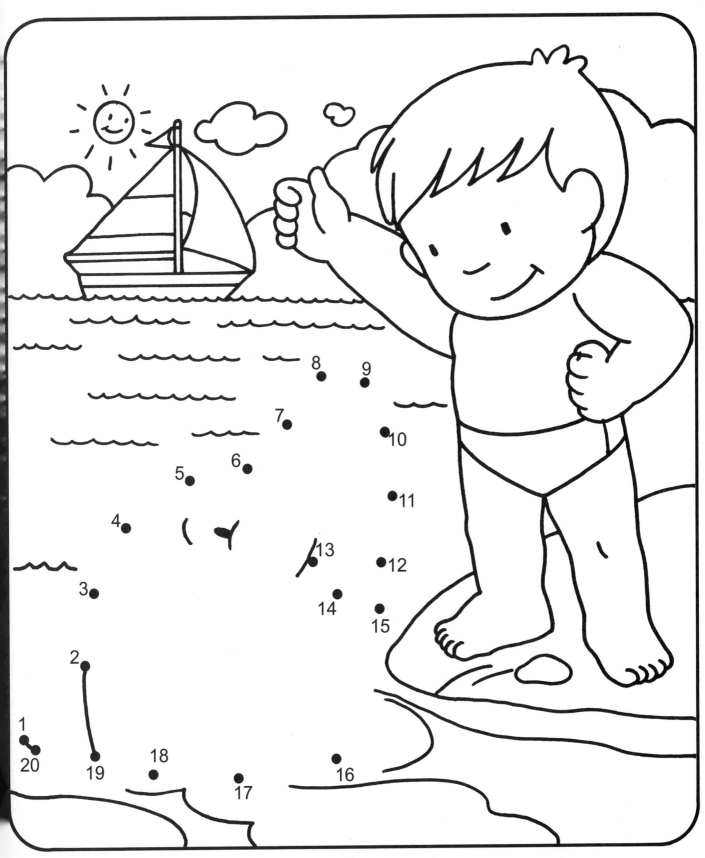

20

20

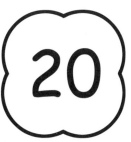

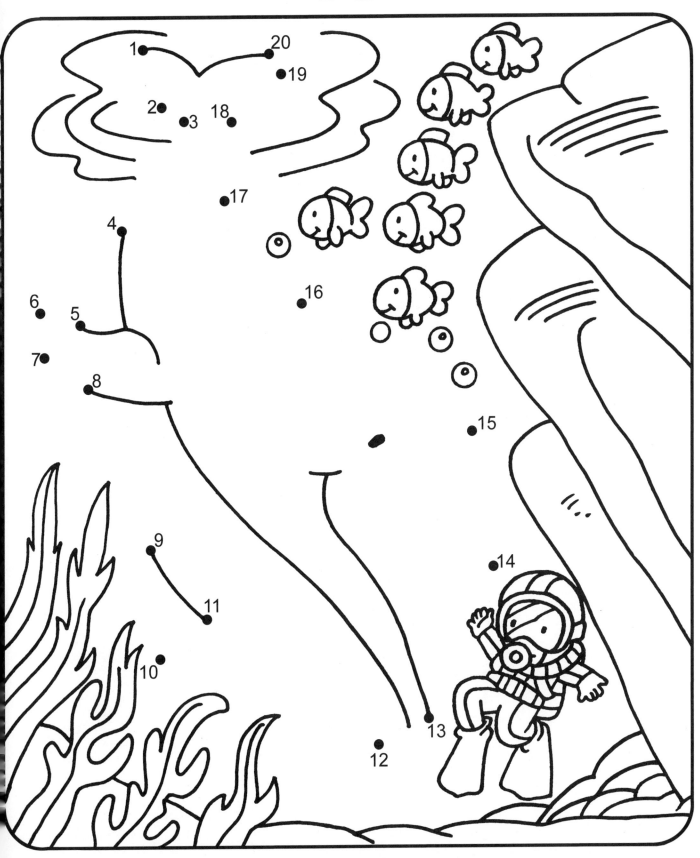

20

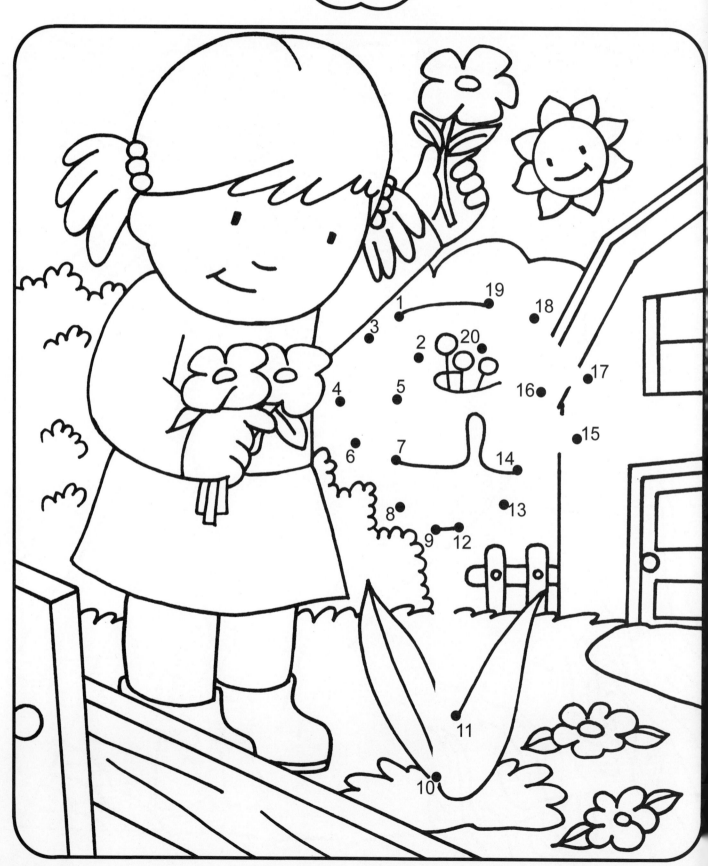

20

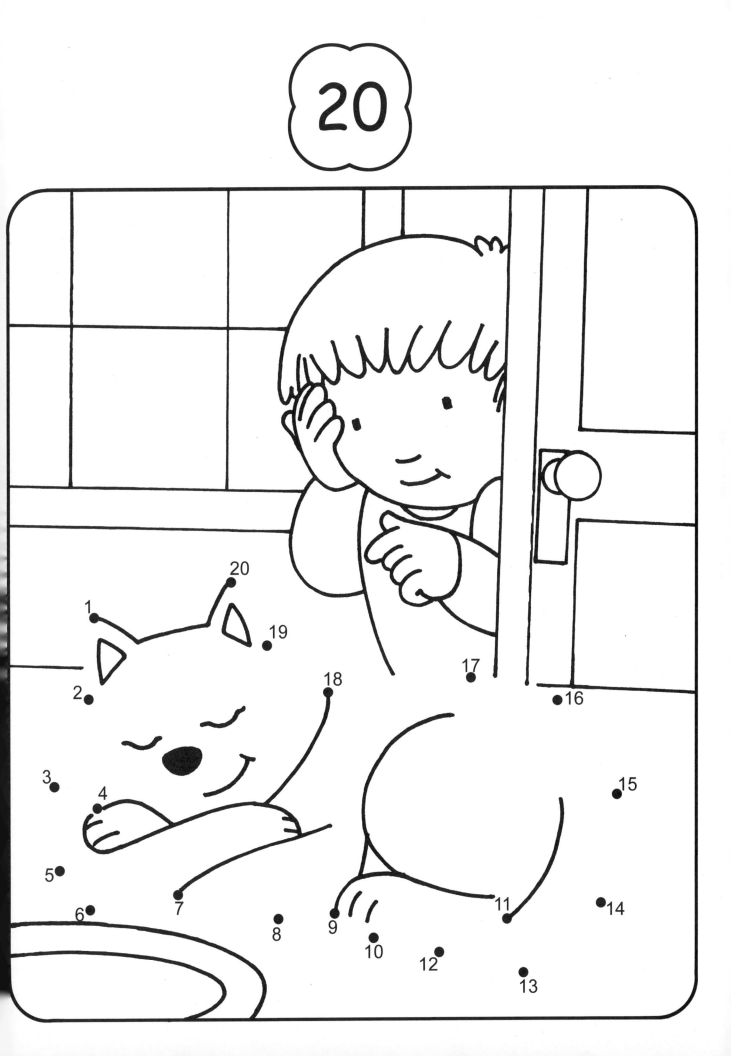

20

20

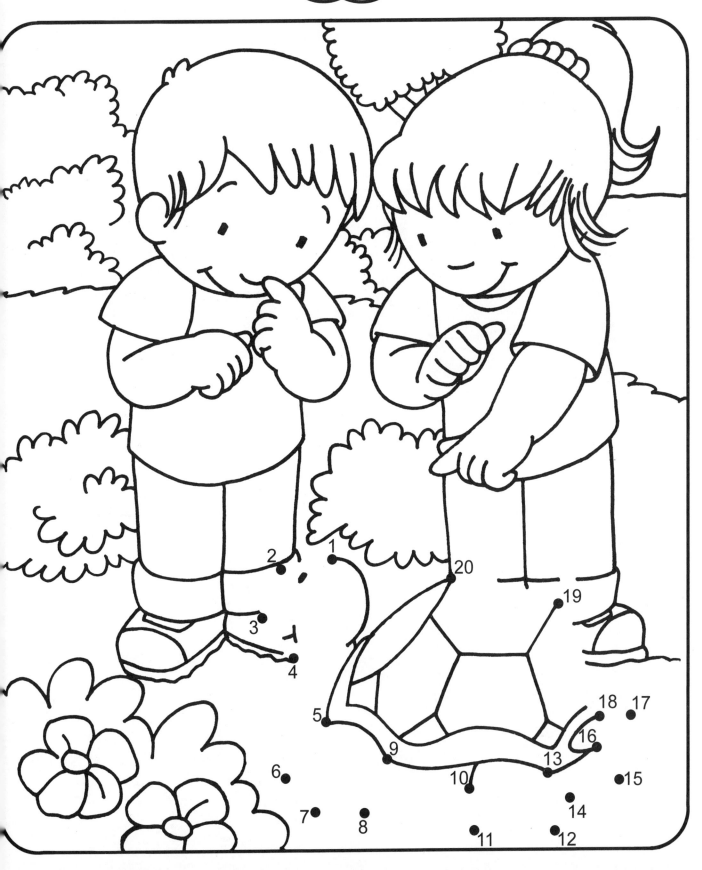

20

20

20

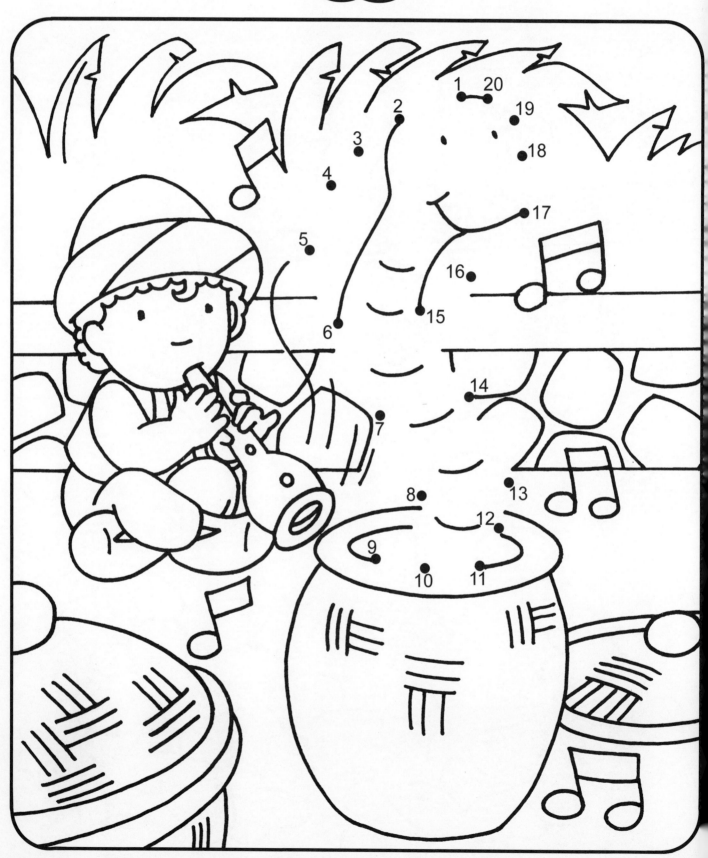

20

20

20

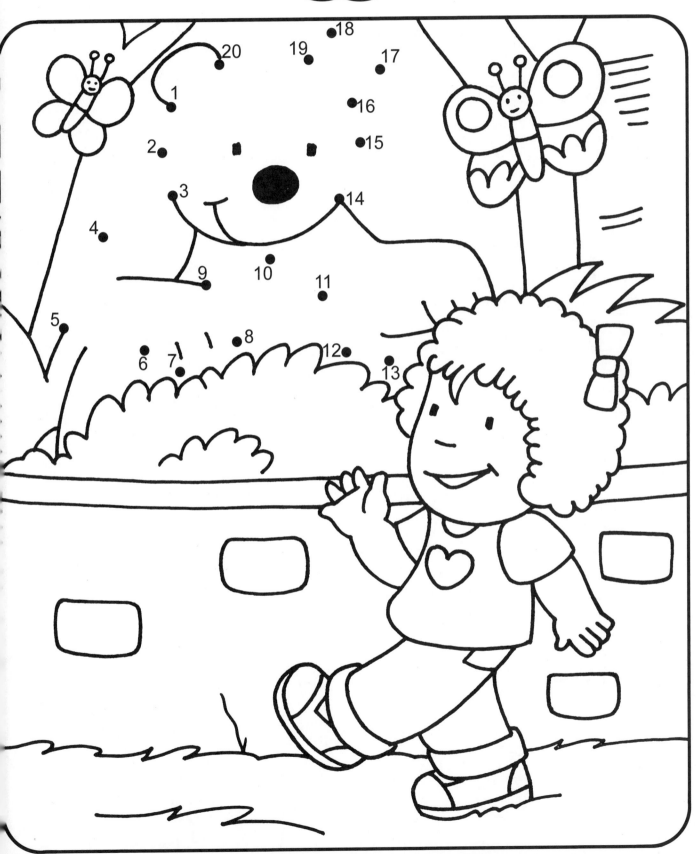

20

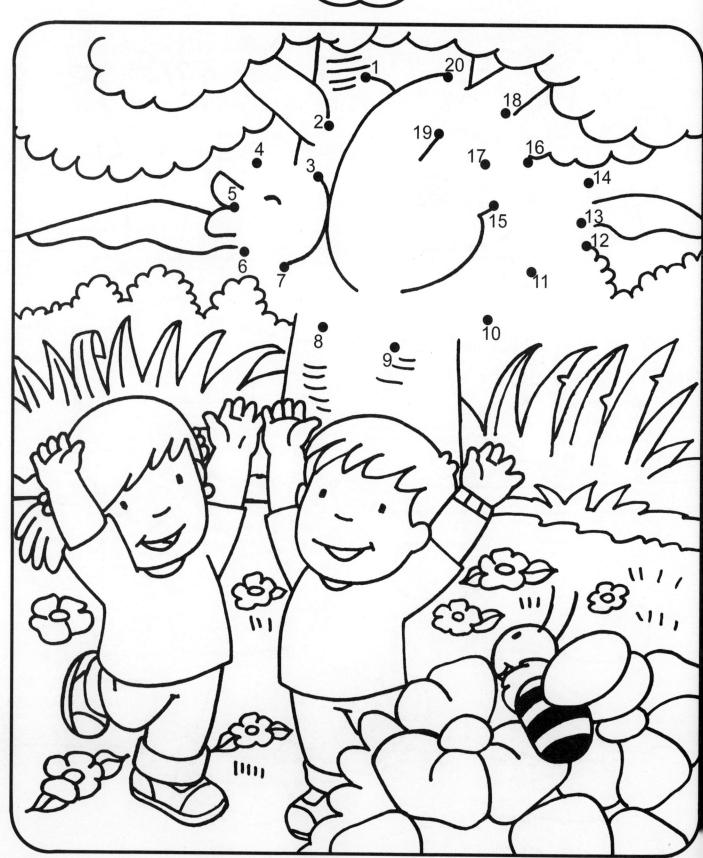

20

20

20

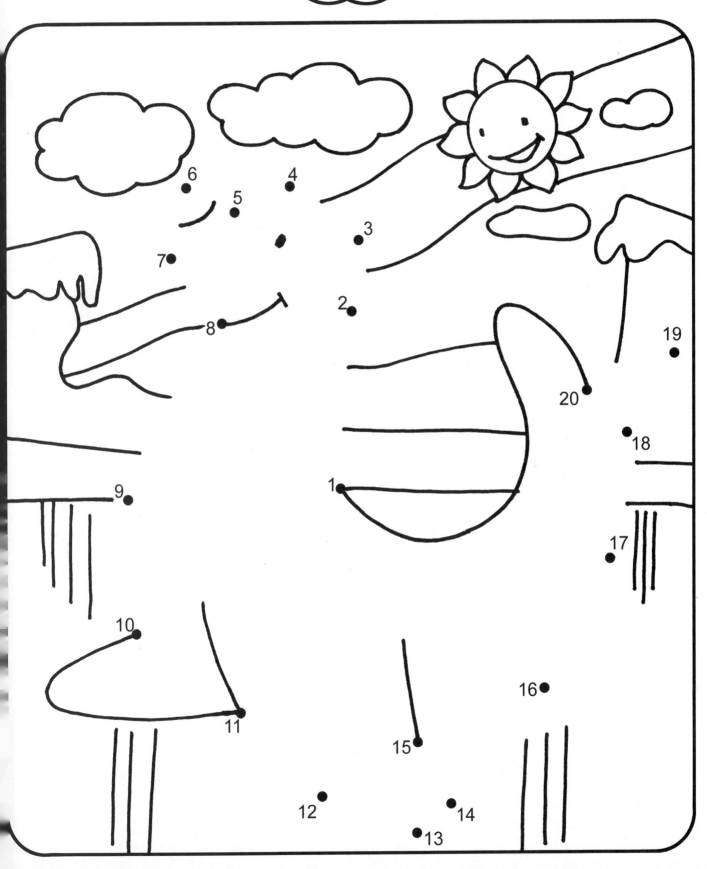

20

20

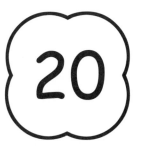

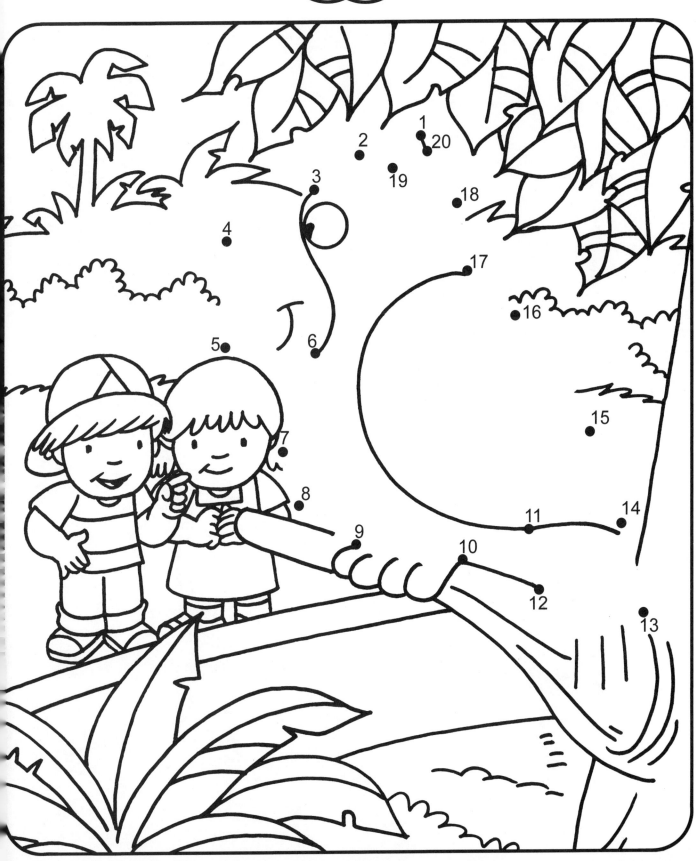

20

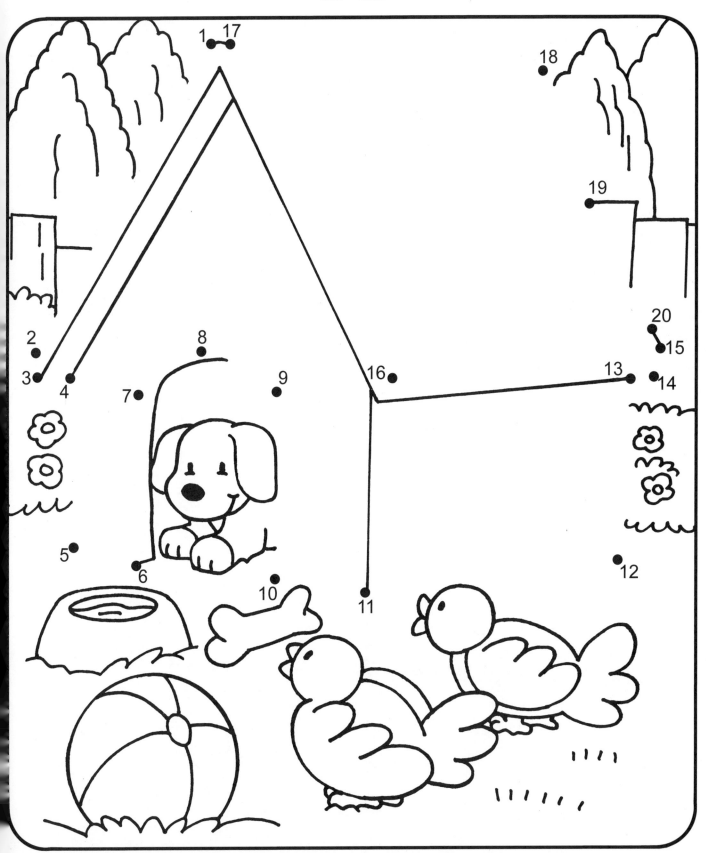

20

20

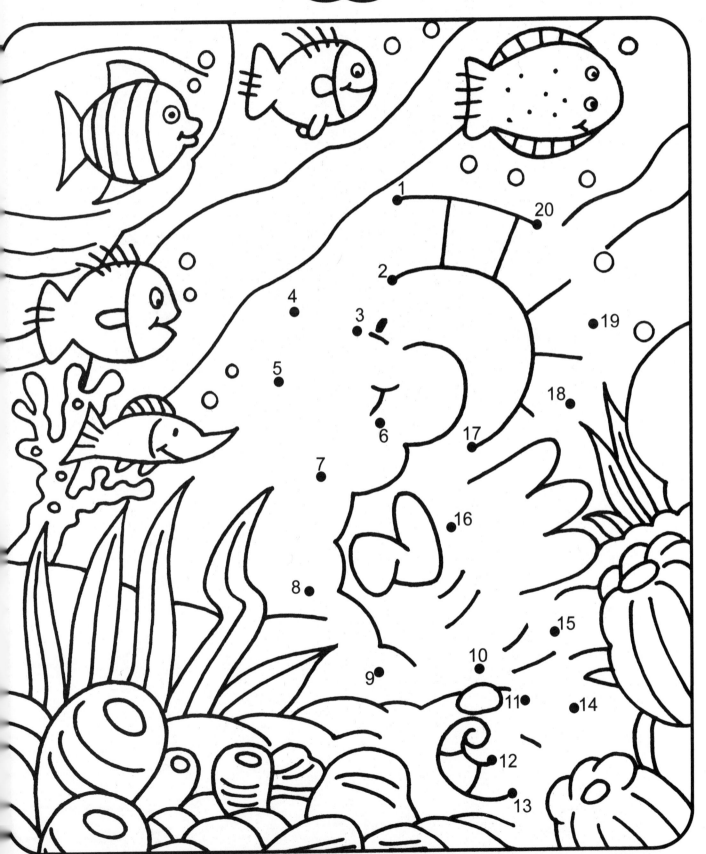

20

20

20

20

20

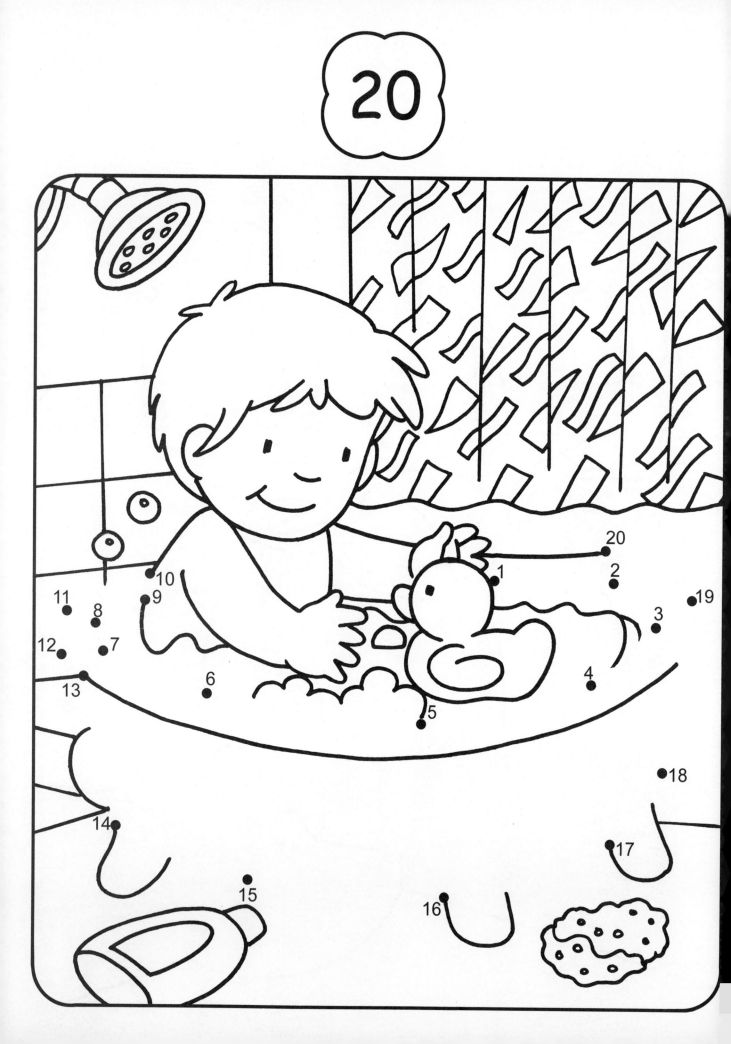

20

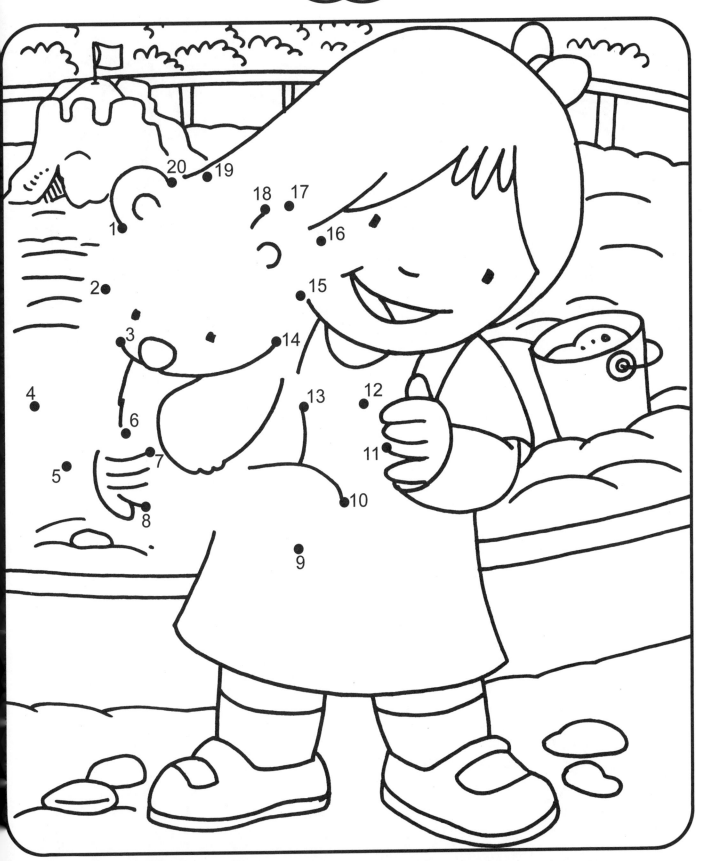

20

20

20

20

20

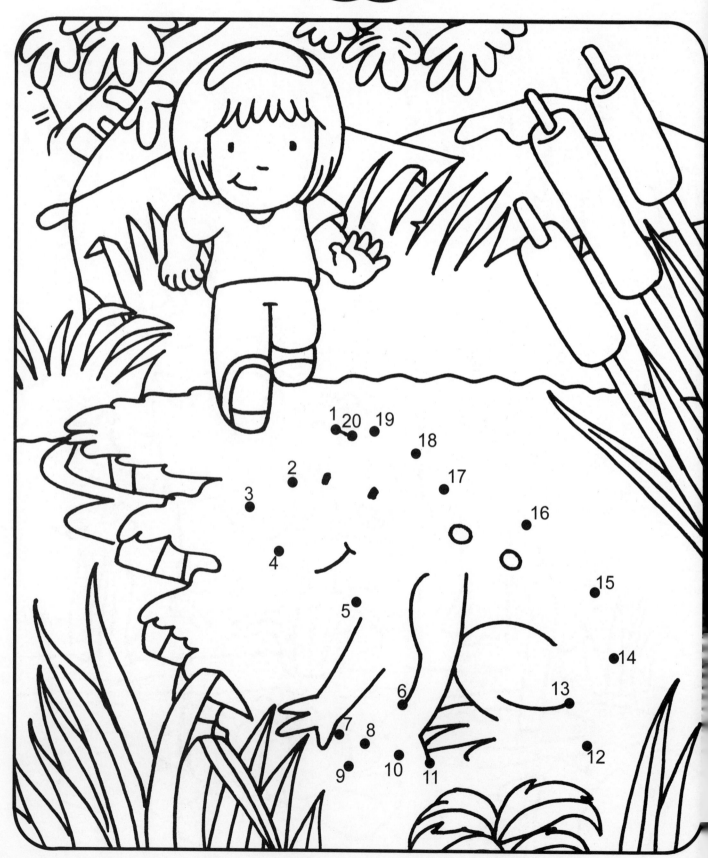

20

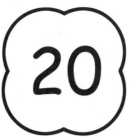

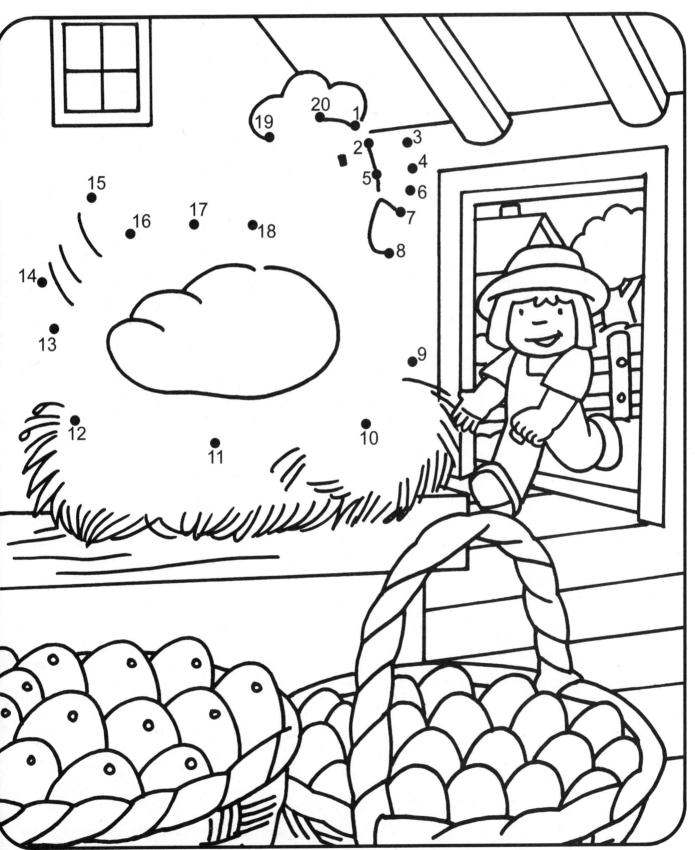

20

20

20

20

20

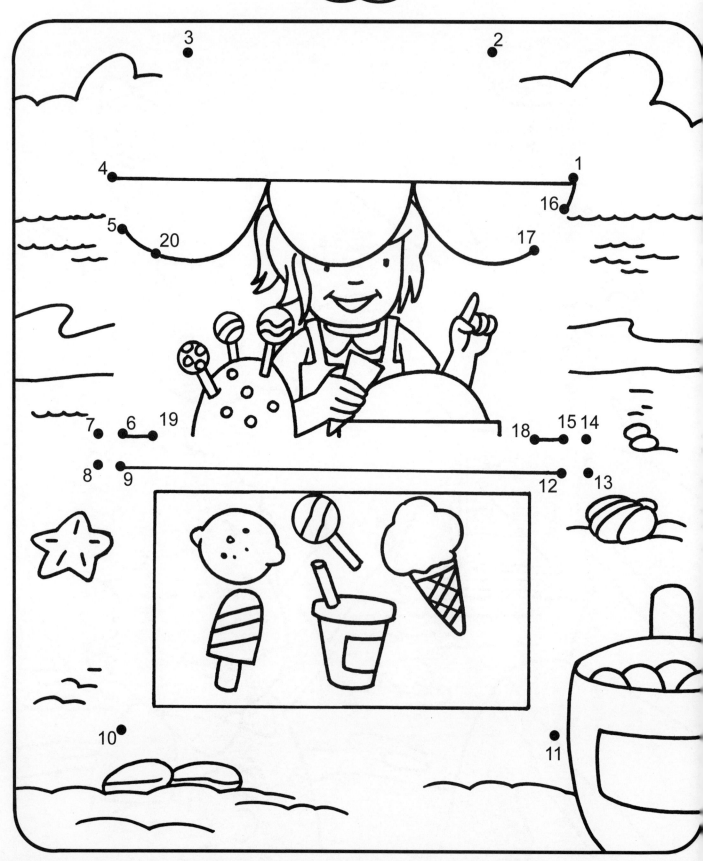

20

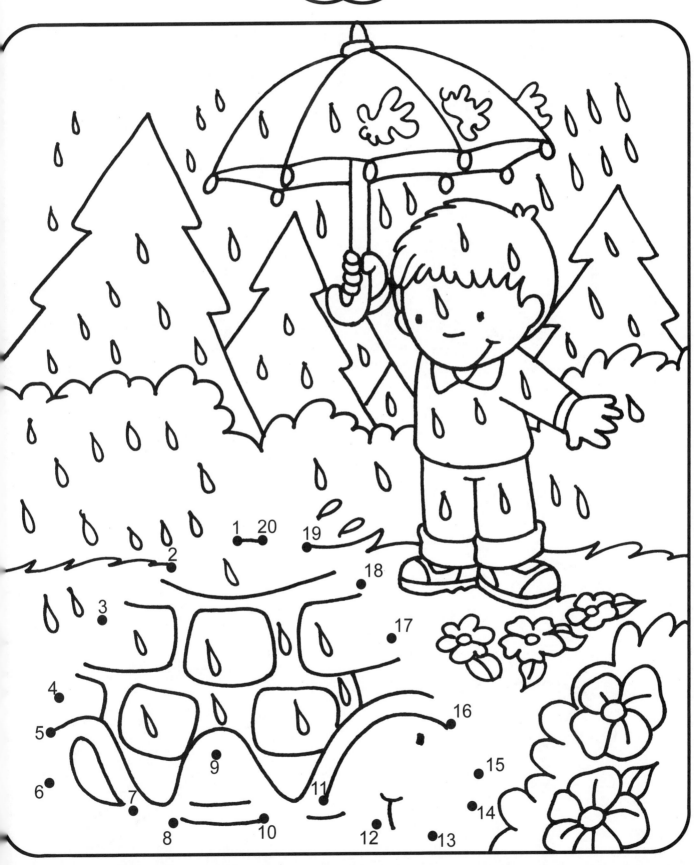

25

27

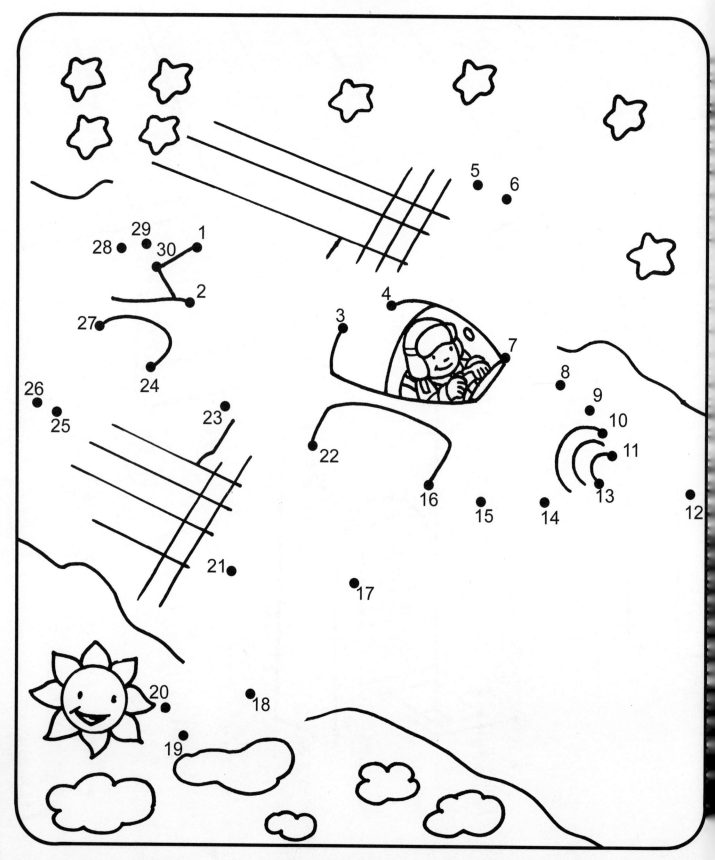

30

30

30

30

30

30

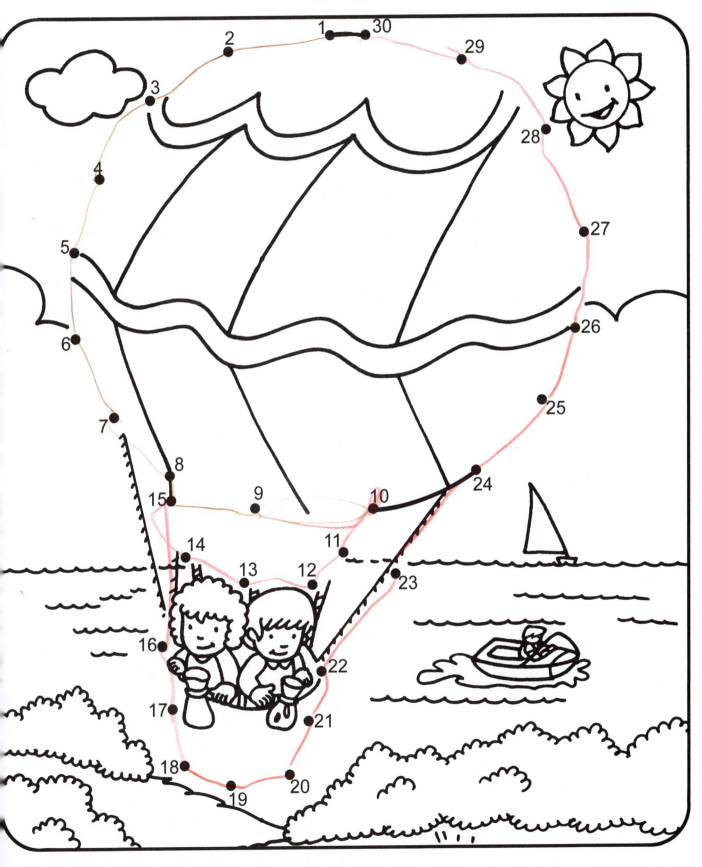

30

30

30

30

30

30

30

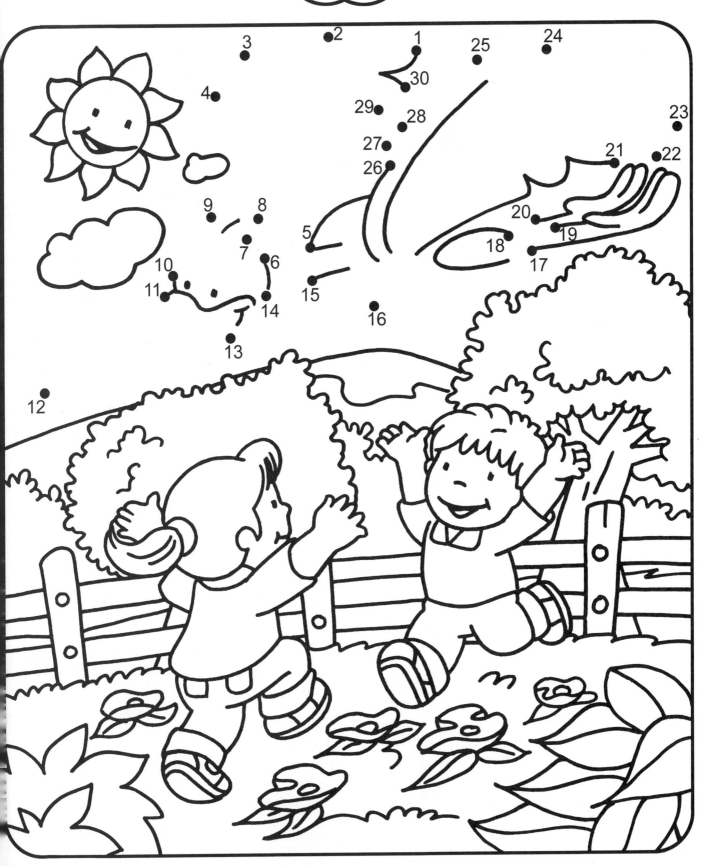

30